［新装版］

親子で読もう「実語教」

齋藤 孝

まえがき

私《わたし》は『実語教《じつごきょう》』を「日本人千年《にほんじんせんねん》の教科書《きょうかしょ》」と呼《よ》んでいます。『実語教《じつごきょう》』は鎌倉時代《かまくらじだい》から子《こ》どもの教育《きょういく》に使《つか》われてきました。「日本人《にほんじん》が千年間《せんねんかん》なにを大切《たいせつ》にしてきたか」ということが、ここには書《か》かれているのです。

ここには学《まな》ぶことの大切《たいせつ》さ、両親《りょうしん》や先生《せんせい》、目上《めうえ》の人《ひと》への礼儀《れいぎ》、きょうだい、友《とも》だち、後輩《こうはい》たちとのつきあい方《かた》などがやさしく説《と》かれています。

むかしの子《こ》どもたちは『実語教《じつごきょう》』を声《こえ》に出《だ》して読《よ》みました。声《こえ》に出《だ》して本《ほん》を読《よ》むことを「素読《そどく》」といいますが、素読《そどく》をすると先人《せんじん》の魂《たましい》も一緒《いっしょ》に学《まな》ぶことができるのです。

人間《にんげん》が生《い》きていくうえで欠《か》かせない大切《たいせつ》な智恵《ちえ》が詰《つ》まった『実語《じつご》教《きょう》』を、お子《こ》さんやお孫《まご》さんと一緒《いっしょ》に、ぜひ声《こえ》に出《だ》して読《よ》んであげてください。はじめは、大人《おとな》が読《よ》んで、そのあとを子《こ》どもが読《よ》む復唱方式《ふくしょうほうしき》でやってあげてください。

小《ちい》さな子《こ》どもでも何度《なんど》も読《よ》んでいくうちに、好《す》きな言葉《ことば》が見《み》つかり、暗誦《あんしょう》できるようにもなるでしょう。

そして、その子《こ》が大《おお》きくなった時《とき》、そうした言葉《ことば》が役《やく》に立《た》つ時《とき》がきっとくるでしょう。

その時《とき》、おじいちゃんやおばあちゃん、あるいは両親《りょうしん》と一緒《いっしょ》に読《よ》んだということも思《おも》い出《だ》すでしょう。

それは、さらにさかのぼれば、鎌倉時代《かまくらじだい》から江戸時代《えどじだい》の人《ひと》たちとも、その智恵《ちえ》が、そして命《いのち》がつながっていくということです。

同時《どうじ》に、それは千年《せんねん》にわたり日本人《にほんじん》が育《はぐく》んできた心《こころ》を、お子《こ》さんに、さらに次《つぎ》の世代《せだい》に受《う》け継《つ》いでいくことになるのです。

もくじ

本《ほん》書《しょ》の読《よ》み方《かた》

山《やま》高《たか》きが故《ゆえ》に貴《たっと》からず。樹《き》有《あ》るを以《もっ》て貴《たっと》しとす。

山《やま》は高《たか》いからといって価値《かち》があるわけではありません。そこに樹《き》があるからこそ価値《かち》が出《で》てくるのです。

10

世《よ》の役《やく》に立《た》つ人《ひと》になろう

勉強《べんきょう》ができるからといって、
それだけで偉《えら》いわけではありません。
学《まな》んだことを人《ひと》の役《やく》に立《た》てられるかどうかが大事《だいじ》なのです。
「世《よ》の中《なか》に役《やく》に立《た》つ仕事《しごと》をしたい！」という目標《もくひょう》を立《た》てると、
ふしぎなことに、
勉強《べんきょう》をする意欲《いよく》もわいてきます。
人間《にんげん》はだれでも「みんなの役《やく》に立《た》ちたい」
という気持《きも》ちを心《こころ》のどこかに持《も》っているのですね。

11

右《みぎ》ページの大《おお》きな文字《もじ》は漢文《かんぶん》を日本語《にほんご》に書《か》き改《あらた》めた「書《か》き下《くだ》し文《ぶん》」です。むかし、寺子屋《てらこや》で読《よ》んでいたように、大《おお》きな声《こえ》でお子《こ》さんと読《よ》んでみてください。

横《よこ》の小《ちい》さな文字《もじ》は書《か》き下《くだ》し文《ぶん》を現代《げんだい》の日本語《にほんご》に訳《やく》したものです。

左《ひだり》ページの文章《ぶんしょう》は、訳《やく》をもう少《すこ》し深《ふか》く解説《かいせつ》したものです。仏教《ぶっきょう》などの言葉《ことば》や少《すこ》し難《むずか》しい表現《ひょうげん》が入《はい》っていることもあります。お子《こ》さんの年齢《ねんれい》によっては、大人《おとな》が説明《せつめい》しながら読《よ》んであげてください。

〔新装版〕

親子で読もう「実語教」

山《やま》高《たか》きが故《ゆえ》に貴《たっと》からず。樹《き》有《あ》るを以《もっ》て貴《たっと》しとす。

山《やま》は高《たか》いからといって価値《かち》があるわけではありません。そこに樹《き》があるからこそ価値《かち》が出《で》てくるのです。

世《よ》の役《やく》に立《た》つ人《ひと》になろう

勉強《べんきょう》ができるからといって、
それだけで偉《えら》いわけではありません。
学《まな》んだことを人《ひと》の役《やく》に立《た》てられるかどうかが大事《だいじ》なのです。
「世《よ》の中《なか》に役《やく》に立《た》つ仕事《しごと》をしたい！」という目標《もくひょう》を立《た》てると、
ふしぎなことに、
勉強《べんきょう》をする意欲《いよく》もわいてきます。
人間《にんげん》はだれでも「みんなの役《やく》に立《た》ちたい」
という気持《きも》ちを心《こころ》のどこかに持《も》っているのですね。

人《ひと》肥《こえ》たるが故《ゆえ》に貴《たっと》からず。智《ち》有《あ》るを以《もっ》て貴《たっと》しとす。

人《ひと》は太《ふと》ってふくよかであるといってりっぱなのではありません。智《ち》恵《え》があるからこそりっぱな人《ひと》ということができるのです。

人《ひと》を見《み》た目《め》で判断《はんだん》することはやめよう

むかしはお金持《かねも》ちほどたくさん食《た》べられたので、
太《ふと》っていることはお金持《かねも》ちのあかしだったようです。
でも、人《ひと》の見《み》た目《め》やお金《かね》だけで
偉《えら》い、偉《えら》くないの判断《はんだん》をしてはいけません。
本当《ほんとう》にりっぱな人《ひと》は智恵《ちえ》がある人《ひと》です。
智恵《ちえ》があるというのは、
本《ほん》を読《よ》み、すぐれた人《ひと》から学《まな》び、
今《いま》、なにが一番大切《いちばんたいせつ》か、
それをきちんと判断《はんだん》ができることをいいます。

富《とみ》は是《これ》一生《いっしょう》の財《たから》、身滅《みめっ》すれば即《すなわ》ち共《とも》に滅《めっ》す。智《ち》は是《これ》万代《ばんだい》の財《たから》、命《いのち》終《おわ》れば即《すなわ》ち随《したが》って行《ゆ》く。

富《とみ》は自分《じぶん》が生《い》きている間《あいだ》は大切《たいせつ》なものですが、死《し》んでしまえば墓《はか》の中《なか》まで持《も》って行《い》けるものではありません。

それに対《たい》して智恵《ちえ》は万代《ばんだい》もあとまで残《のこ》るものです。自分《じぶん》が死《し》んでも、子孫《しそん》へと受《う》け継《つ》がれていくものなのです。

お金《かね》よりも智恵《ちえ》を残《のこ》そう

歌舞伎《かぶき》や狂言《きょうげん》など日本《にほん》の古《ふる》くから続《つづ》く芸能《げいのう》は、
歩《ある》き方《かた》や話《はな》し方《かた》をそのまま、
親《おや》や先生《せんせい》から習《なら》い、それをまた子《こ》どもに伝《つた》えていきます。
だから智恵《ちえ》は「自分《じぶん》の命《いのち》が終《お》わっても」、
次《つぎ》の代《だい》へと続《つづ》いていく宝《たから》なのです。
お金《かね》は使《つか》えばなくなりますが、
智恵《ちえ》はいくら使《つか》ってもなくなりません。
『実語教《じつごきょう》』を勉強《べんきょう》することは智恵《ちえ》となります。
そしてそれをずっと伝《つた》えていくことは
とても大事《だいじ》なことなのです。

玉《たま》磨《みが》かざれば光《ひかり》無《な》し。光《ひかり》無《な》きを石《いし》瓦《かわら》とす。人《ひと》学《まな》ばざれば智《ち》無《な》し。智《ち》無《な》きを愚《ぐ》人《じん》とす。

どんな宝《ほう》石《せき》も磨《みが》かない原《げん》石《せき》のままでは光《ひか》りません。光《ひか》らない宝《ほう》石《せき》は石《いし》や瓦《かわら》と同《おな》じです。人《ひと》も学《まな》ばなければ智《ち》恵《え》は身《み》につきません。智《ち》恵《え》のない人《ひと》を愚《おろ》かな人《ひと》というのです。

人《ひと》も宝石《ほうせき》も磨《みが》かなければ光《ひか》らない

宝石《ほうせき》は磨《みが》かないとただの石《いし》です。
人間《にんげん》もまた小《ちい》さいころから本《ほん》を読《よ》んだり、
人《ひと》の話《はなし》をよく聞《き》いたりして学《まな》ばなければいけません。
そうやって学《まな》ばなければ、判断力《はんだんりょく》がなく、
なにが大切《たいせつ》なのかわからない、愚《おろ》かな人《ひと》になってしまうのです。
スポーツや音楽《おんがく》の世界《せかい》でも、
練習《れんしゅう》して才能《さいのう》を磨《みが》くことで、一流《いちりゅう》になるのです。
たとえ才能《さいのう》があっても練習《れんしゅう》しなければ、
才能《さいのう》は光《ひか》りません。

倉《くら》の内《うち》の財《ざい》は朽《く》つること有《あ》り。
身《み》の内《うち》の才《さい》は朽《く》つること無《な》し。
千《せん》両《りょう》の金《こがね》を積《つ》むといえども、
一《いち》日《にち》の学《がく》にはしかず。

倉《くら》の中《なか》に大切《たいせつ》にしまっておいた財産《ざいさん》でも、
なくなってしまうことがあります。
しかし、一度《いちど》身《み》についた智恵《ちえ》や能力《のうりょく》はなくなることがありません。
いくら大金《たいきん》を積《つ》んでも、一日一日《いちにちいちにち》の学《まな》びにはおよばないのです。

毎日《まいにち》学《まな》ぶことが一番《いちばん》大事《だいじ》

小《ちい》さいころに覚《おぼ》えた自転車《じてんしゃ》の乗《の》り方《かた》は、
一生忘《いっしょうわす》れないでしょう。
いろいろな習《なら》い事《ごと》でも同《おな》じです。
お金《かね》はいくらたくさんあってもなくなることがありますが、
コツコツ身《み》につけたものは、
一生消《いっしょうき》えることのない、宝物《たからもの》になるのです。
だから「一生《いっしょう》の宝《たから》を身《み》につけるぞ！」
という気持《きも》ちで練習《れんしゅう》しましょう。
やる気《き》が出《で》ればどんどん上手《じょうず》になり、楽《たの》しくなるはずです。
そうやって一日一日《いちにちいちにち》を大切《たいせつ》にして練習《れんしゅう》や勉強《べんきょう》をしていくと、
お金《かね》も幸《しあわ》せもあとからついてきます。

兄弟《きょうだい》常《つね》に合《あ》わず。慈悲《じひ》を兄弟《きょうだい》とす。財物《ざいもつ》永《なが》く存《そん》せず。才智《さいち》を財物《ざいもつ》とす。

きょうだいでも、いつも仲《なか》がいいわけではありません。でも、相手《あいて》を思《おも》いやる心《こころ》があれば、きょうだいでなくても親《した》しい兄弟《きょうだい》のように見《み》えてきます。お金《かね》や物《もの》はいつまでもあるものではありません。だから、いくら使《つか》っても減《へ》らない智恵《ちえ》や技術《ぎじゅつ》を身《み》につけることが大切《たいせつ》なのです。

相手《あいて》を思《おも》いやる心《こころ》を持《も》とう

悪口《わるくち》をいったり、意地悪《いじわる》をしたりすれば、
きょうだいだって仲《なか》が悪《わる》くなることがあります。
もしそれが友《とも》だち同士《どうし》なら、
あっという間《ま》にうまくいかなくなってしまうでしょう。
でも、思《おも》いやりの気持《きも》ちを持《も》って人《ひと》と接《せっ》していくと、
だれでも自分《じぶん》のきょうだいのように仲良《なかよ》くなっていくのです。
お金《かね》のような財産《ざいさん》はなくなることがありますが、
身《み》につけた力《ちから》は失《うしな》われません。

四大日々《しだいひび》に衰《おとろ》え、
心神夜々《しんじんやや》に暗《くら》し。
幼時《いとけなきとき》勤学《きんがく》せざれば、
老《お》いて後《のち》恨《うら》み悔《く》ゆといえども、
尚益《なおえき》する所《ところ》有《あ》ること無《な》し。

四大《しだい》とは地《ち》・水《すい》・火《か》・風《ふう》のこと。むかしの人《ひと》は宇宙《うちゅう》も私《わたし》たちの体《からだ》もこの四《よっ》つの要素《ようそ》からできていると考《かんが》えていました。ここでいう四大《しだい》は人間《にんげん》の体《からだ》のことです。その体《からだ》は年《とし》をとるとだんだん衰《おとろ》えて、元気《げんき》がなくなっていきます。

幼《おさな》い時《とき》に一所懸命《いっしょけんめい》に勉強《べんきょう》していないと、年《とし》をとってから後悔《こうかい》しても、どうすることもできません。

志《こころざし》を立《た》てて学《まな》ぶ

子《こ》どものころは元気《げんき》いっぱいで、時間《じかん》もあります。
だからやる気《き》さえあれば、
勉強《べんきょう》したことがどんどん身《み》についていきます。
「将来《しょうらい》こうなりたい！」と心《こころ》に決《き》めて、
それに向《む》かって勉強《べんきょう》してほしいと思《おも》います。
この決意《けつい》を「志《こころざし》」といいます。
人生《じんせい》を自分《じぶん》の思《おも》いどおりに生《い》きるために、
志《こころざし》を立《た》てることはとても大事《だいじ》なことです。
年《とし》をとってから
「ああ、若《わか》い時《とき》にもっとしっかり勉強《べんきょう》しておけばよかったなあ」
と後悔《こうかい》しても、もうおそいのです。

かるが故《ゆえ》に書《しょ》を読《よ》んで倦《う》むことなかれ。学文《がくもん》に怠《おこた》る時《とき》なかれ。眠《ねむ》りを除《のぞ》いて通夜《つうや》に誦《じゅ》せよ。飢《うえ》を忍《しの》んで終日《ひめ(ね)もす》習《なら》え。

そういうわけなので、本《ほん》を読《よ》むのは退屈《たいくつ》だなんて思《おも》わないで、しっかり読《よ》み切《き》りなさい。勉強《べんきょう》をするのなら、さぼらないでやりなさい。眠気《ねむけ》を払《はら》って夜通《よどお》し読《よ》み続《つづ》けなさい。お腹《なか》がすいても我慢《がまん》して休《やす》まず習《なら》いなさい。

むかしの人《ひと》に負《ま》けないぞ

人間《にんげん》はすごい力《ちから》を持《も》っています。

でも、ほとんどその力《ちから》は眠《ねむ》ったままだといいます。

だから時《とき》には自分《じぶん》の限界《げんかい》にチャレンジしてみましょう。

「漢字《かんじ》を一日百個《いちにちひゃっこ》覚《おぼ》えるぞ」

「九九《くく》を三日《みっか》で全部《ぜんぶ》覚《おぼ》えるぞ」

そんなつもりでがんばってみることです。

むかしの人《ひと》は、時《とき》には一晩《ひとばん》寝《ね》ないで、
ご飯《はん》を食《た》べるのも我慢《がまん》して勉強《べんきょう》していたのです。

みなさんは、ちゃんと寝《ね》て食《た》べて、
勉強《べんきょう》をがんばってください。

師《し》に会《あ》うといえども学《まな》ばざれば、徒《いたずら》に市人《いちびと》に向《むか》うが如《ごと》し。

せっかくよい先生《せんせい》と出会《であ》っても、学《まな》ぼうという気持《きも》ちがなければ、ただの人《ひと》と会《あ》っているようなものです。それではなにも得《え》られませんよ。

自分《じぶん》から積極的《せっきょくてき》に学《まな》ぼう

「この人《ひと》に教《おし》えてもらいたい」と思《おも》ったら、
やる気《き》をみせることが大事《だいじ》です。
自分《じぶん》から積極的《せっきょくてき》に話《はなし》を聞《き》きにいくのもいいですね。
それは勉強《べんきょう》だけでなく、
サッカーでもピアノでも、うまくなりたいと思《おも》ったら、
上手《じょうず》な人《ひと》に聞《き》けばいいのです。
「教《おし》えてください」と頼《たの》めば
きっと教《おし》えてくれるでしょう。
子《こ》どものころにそういう習慣《しゅうかん》が身《み》につけば、
大人《おとな》になってからも役《やく》に立《た》ちます。
自分《じぶん》から動《うご》いて学《まな》べば、世界《せかい》は大《おお》きく広《ひろ》がっていきます。

習《なら》い読《よ》むといえども復《ふく》せざれば、只《ただ》隣《となり》の財《たから》を計《かぞ》うるが如《ごと》し。

勉強《べんきょう》をするのも本《ほん》を読《よ》むのも、一度《いちど》だけでなくて繰《く》り返《かえ》しやらなければ、ただ隣《となり》の家《いえ》の財産《ざいさん》を数《かぞ》えるようなものです。それでは自分《じぶん》のものにはなりませんよ。

繰《く》り返《かえ》しのすすめ

むかしの人《ひと》はいい本《ほん》を何度《なんど》も何度《なんど》も読《よ》みました。
「読書百遍意自《どくしょひゃっぺんいおの》ずから通《つう》ず」という言葉《ことば》があります。
意味《いみ》はわからなくても百回読《ひゃっかいよ》むと、
なにが書《か》いてあるかがわかるという意味《いみ》の言葉《ことば》です。
日本人《にほんじん》はなにかを覚《おぼ》える時《とき》、
ひとつのことを何度《なんど》も練習《れんしゅう》して覚《おぼ》えるというやり方《かた》を
むかしからしてきました。
たとえば剣《けん》なら
何万回《なんまんかい》も刀《かたな》を振《ふ》って技《わざ》を身《み》につけたのです。

君子《くんし》は智者《ちしゃ》を愛《あい》し、小人《しょうじん》は福人《ふくじん》を愛《あい》す。

りっぱな人《ひと》は智恵《ちえ》のある人《ひと》を愛《あい》し、
つまらない人《ひと》はお金持《かねも》ちを愛《あい》します。

よい仲間《なかま》と集《あつ》まり、磨《みが》き合《あ》う

どんな人《ひと》を友《とも》だちにするか、
それはとても大切《たいせつ》なことです。
たとえばレベルの高《たか》い学校《がっこう》に入《はい》れば、
みんなやる気《き》があるので、
自然《しぜん》とお互《たが》いに磨《みが》き合《あ》って、
さらによくなっていくでしょう。
逆《ぎゃく》に、やる気《き》のない人《ひと》たちがまわりにいれば、
せっかくのやる気《き》もなくなっていきます。
勉強《べんきょう》でも、スポーツでも、
少《すこ》しでもやる気《き》のある、
レベルの高《たか》いところでやると、
それが自分《じぶん》に返《かえ》ってくるのです。

富貴《ふうき》の家《いえ》に入《い》るといえども、財《たから》無《な》き人《ひと》の為《ため》には、なお霜《しも》の下《した》の花《はな》の如《ごと》し。貧賤《ひんせん》の門《かど》を出《い》ずるといえども、智《ち》有《あ》る人《ひと》の為《ため》には、あたかも泥中《でいちゅう》の蓮《はちす》の如《ごと》し。

お金《かね》持《も》ちの家《いえ》に生《う》まれたり養子《ようし》に入《はい》ったりしても、智恵《ちえ》や人徳《じんとく》がなければ、霜《しも》の下《した》の花《はな》のようにしおれてしまいます。貧《まず》しい家《いえ》に生《う》まれたとしても、努力《どりょく》して智恵《ちえ》を身《み》につければ、泥《どろ》の中《なか》の蓮《はす》のように花《はな》を咲《さ》かせることができます。

努力《どりょく》すればきれいな花《はな》が咲《さ》く

「自分《じぶん》の家《いえ》にはお金《かね》がないから勉強《べんきょう》ができない」
「あの子《こ》の家《いえ》はお金持《かねも》ちだから塾《じゅく》も行《い》けるし、
本《ほん》もたくさん買《か》ってもらえる」
そんなことをできない言《い》いわけにしていませんか。
蓮《はす》は泥沼《どろぬま》のようなところに育《そだ》っていても、
ピンクや真《ま》っ白《しろ》のきれいな花《はな》を咲《さ》かせます。
たとえ家《いえ》があまりお金持《かねも》ちでなくても、
そんなことに負《ま》けないで、
がんばっていれば智恵《ちえ》が身《み》について、
泥《どろ》の中《なか》の蓮《はす》のように、
きれいな花《はな》を咲《さ》かせることができるのです。

父母《ふぼ》は天地《てんち》の如《ごと》く、
師君《しくん》は日月《じつげつ》の如《ごと》し。
親族《しんぞく》はたとえば葦《あし》の如《ごと》し。
夫妻《ふさい》はなお瓦《かわら》の如《ごと》し。
父母《ふぼ》には朝夕《ちょうせき》に孝《こう》せよ。
師君《しくん》には昼夜《ちゅうや》に仕《つか》えよ。

私《わたし》たちを生《う》み育《そだ》ててくれた父母《ふぼ》は天地《てんち》のような存在《そんざい》であり、先生《せんせい》は太陽《たいよう》や月《つき》のようになくてはならない存在《そんざい》です。親族《しんぞく》はたくさんいても、両親《りょうしん》や先生《せんせい》のように智恵《ちえ》を授《さず》けてはくれません。夫婦《ふうふ》は一緒《いっしょ》に生活《せいかつ》をする対等《たいとう》な関係《かんけい》なので先生《せんせい》とは違《ちが》います。両親《りょうしん》を大切《たいせつ》にしていつも孝行《こうこう》をしなさい。先生《せんせい》を尊敬《そんけい》して、その言葉《ことば》にしたがって学《まな》びなさい。

両親《りょうしん》や先生《せんせい》を尊敬《そんけい》しよう

むかしは親《おや》や先生《せんせい》を「大事《だいじ》にしなさい」と厳《きび》しく教《おし》えていました。
「お父《とう》さま、お母《かあ》さま、お休《やす》みなさい」と敬語《けいご》で話《はな》していました。
みなさんはまだ、自分《じぶん》一人《ひとり》で生《い》きていくことはできません。
お父《とう》さんやお母《かあ》さんに教《おし》えてもらうことがたくさんあります。
ですからいつも「ありがとうございます」
という感謝《かんしゃ》の気持《きも》ちを持《も》ちましょう。
親《おや》や先生《せんせい》はみなさんがよくなるように
注意《ちゅうい》をしてくれるのです。
だから親《おや》や先生《せんせい》の言葉《ことば》をしっかりと聞《き》くことは、
みなさんがりっぱな大人《おとな》になるためにとても大切《たいせつ》なことなのです。

友《とも》と交《まじわ》りて争《あらそ》う事《こと》なかれ。己《おのれ》より兄《けい》には礼《れい》敬《けい》を尽《つ》くし、己《おのれ》より弟《てい》には愛《あい》顧《こ》を致《いた》せ。

友《とも》だちとけんかをしてはいけませんよ。
自分《じぶん》よりも年上《としうえ》の人《ひと》には礼儀《れいぎ》正《ただ》しく尊敬《そんけい》の気持《きも》ちを持《も》って接《せっ》しなさい。
自分《じぶん》より年下《としした》の人《ひと》はかわいがってあげなさい。

友《とも》だちをつくろう

ほんのちょっとしたけんかでも
友《とも》だちをなくしてしまうことがあります。
友《とも》だちと意見《いけん》がちがう時《とき》は、
そういう考《かんが》え方《かた》もあるんだなと思《おも》うことです。
『論語《ろんご》』には「三人《さんにん》でいたらその中《なか》に必《かなら》ず先生《せんせい》がいる」とあります。
すごいなと思《おも》う人《ひと》がいたらその人《ひと》から学《まな》び、
悪《わる》いことをする人《ひと》がいたらそうしないことを学《まな》ぶことです。
つまり、どんな人《ひと》にも学《まな》ぶところはあるのです。
また、年下《としした》の人《ひと》がいたら、自分《じぶん》から優《やさ》しく声《こえ》をかけてあげましょう。
それだけで友《とも》だちになれるはずですよ。

人《ひと》として智《ち》無《な》き者《もの》は、
木石《ぼくせき》に異《こと》ならず。
人《ひと》として孝《こう》無《な》き者《もの》は、
畜生《ちくしょう》に異《こと》ならず。

智恵《ちえ》を持《も》っていない人《ひと》は、木《き》や石《いし》と変《か》わりません。
親孝行《おやこうこう》の気持《きも》ちを持《も》っていない人《ひと》は、動物《どうぶつ》と変《か》わりません。

人間《にんげん》として大切《たいせつ》なもの

「智恵《ちえ》がないものは木《き》や石《いし》と同《おな》じだ」
「親孝行《おやこうこう》の気持《きも》ちがないものは人間《にんげん》ではない」
むかしの人《ひと》は子《こ》どもにずいぶん厳《きび》しいことをいっていました。
しかし、むかしの人《ひと》はすこしぐらい厳《きび》しく教《おし》えたほうが
人《ひと》としてどのように生《い》きればいいか
きちんとわかるようになると考《かんが》えていました。
そういわれた子《こ》どもは発奮《はっぷん》して
「ちゃんと勉強《べんきょう》しよう。親《おや》も大事《だいじ》にするぞ」とがんばったのです。
勉強《べんきょう》をして、親《おや》に早《はや》く楽《らく》をさせてあげようと働《はたら》いているうちに、
親《おや》を喜《よろこ》ばせるだけでなく、
自分《じぶん》もいい人生《じんせい》を歩《あゆ》めたのです。

三学《さんがく》の友《とも》に交《まじわ》らずんば、何《なん》ぞ七覚《しちがく》の林《はやし》に遊《あそ》ばん。

戒《かい》・定《じょう》・慧《え》の三学《さんがく》をともに学《まな》ぶ友《とも》と交《まじ》わらなければ、心《こころ》を育《そだ》てるための七《なな》つの階段《かいだん》を上《のぼ》り、七覚《しちがく》という素晴《すば》らしい花《はな》の林《はやし》で友《とも》とともに遊《あそ》ぶことはできません。

落《お》ち着《つ》いた気《き》持《も》ちをつくろう

正《ただ》しいことを学《まな》ぶためには
よい習慣《しゅうかん》を身《み》につけましょう。
そうすれば、心《こころ》もきちんと育《そだ》っていきます。
「三学《さんがく》」も「七覚《しちがく》」も仏《ほとけ》さまの教《おし》えですが、
むかしの日本人《にほんじん》は小《ちい》さいころから、
仏教《ぶっきょう》や儒教《じゅきょう》の教《おし》えをもとにして、
智恵《ちえ》のある人間《にんげん》になることを目指《めざ》したのです。

【補足①】　三学《さんがく》
仏教《ぶっきょう》の教《おし》える「戒《かい》・定《じょう》・慧《え》」のことを指《さ》しています。
戒《かい》は「戒《いまし》め」で、善《よ》い行《おこな》いを習慣《しゅうかん》づけること。定《じょう》は
「定《さだ》まる」で、乱《みだ》れない心《こころ》を育《そだ》てること。慧《え》は智恵《ちえ》の
「恵《え》」の古《ふる》い字《じ》ですが、世《よ》の中《なか》の真理《しんり》に気《き》がついて心《こころ》
が安《やす》らぐことをいいます。

【補足②】　七覚《しちがく》
仏教《ぶっきょう》の教《おし》えで心《こころ》を育《そだ》てる七《なな》つの段階《だんかい》のことです。
物事《ものごと》のありのままの状態《じょうたい》に気《き》づく。
心《こころ》と体《からだ》の働《はたら》きのちがいが見《み》えてくる。
精進《しょうじん》し努力《どりょく》する姿勢《しせい》が生《う》まれる。
その結果《けっか》、心《こころ》に喜《よろこ》びを感《かん》じる。
心《こころ》や体《からだ》が落《お》ち着《つ》き、軽《かる》くなる。
心《こころ》が散《ち》らばらず、一点《いってん》に集中《しゅうちゅう》できる。
なにがあっても心《こころ》が揺《ゆ》れ動《うご》かず、
いつも静《しず》かな気持《きも》ちでいられる。
この順番《じゅんばん》で心《こころ》が育《そだ》っていくのです。

四《し》等《とう》の船《ふね》に乗《の》らずんば、誰《たれ》か八《はっ》苦《く》の海《うみ》を渡《わた》らん。

人《ひと》を大切《たいせつ》にする四《よっ》つの心《こころ》を持《も》たなければ、苦《くる》しみに満《み》ちたこの世《よ》の中《なか》を渡《わた》っていくことはできません。

つらい世《よ》の中《なか》を楽《たの》しく生《い》きるために

世《よ》の中《なか》にはつらいことがたくさんあります。
そんなつらい世《よ》の中《なか》を生《い》きていくためには、
「他人《たにん》に気配《きくば》りができて、優《やさ》しくできる」
心《こころ》を持《も》つことが大切《たいせつ》だとお釈迦《しゃか》さまはいっています。
こういう人《ひと》は友《とも》だちも多《おお》く、
先輩《せんぱい》にもかわいがられるでしょう。
人《ひと》のためによいことをしたら、
やがてそれは自分《じぶん》にも返《かえ》ってくるのです。

【補足①】　四等《しとう》
人《ひと》を大切《たいせつ》にする「慈《じ》・悲《ひ》・喜《き》・捨《しゃ》」の四《よっ》つの心《こころ》。
「慈《じ》」とは、相手《あいて》に楽《たの》しみを与《あた》えて、一緒《いっしょ》に遊《あそ》ぼうとする心《こころ》。
「悲《ひ》」とは、相手《あいて》の苦《くる》しみを取《と》ってあげて、一緒《いっしょ》に悲《かな》しんであげる心《こころ》。
「喜《き》」とは、相手《あいて》の幸《しあわ》せを一緒《いっしょ》に喜《よろこ》んであげる心《こころ》。
「捨《しゃ》」とは、差別《さべつ》なくみんなに平等《びょうどう》に接《せっ》する心《こころ》。

【補足②】　八苦《はっく》
仏教《ぶっきょう》ではこの世《よ》の中《なか》には八《やっ》つの苦《くる》しみがあるといいます。
まずは「生《しょう》・老《ろう》・病《びょう》・死《し》」の四《よっ》つの苦《くる》しみ。これに加《くわ》えて、「愛《あい》する人《ひと》と別《わか》れる苦《くる》しみ」「嫌《きら》いな人《ひと》と顔《かお》を合《あ》わせないといけない苦《くる》しみ」「欲《ほ》しいものが手《て》に入《はい》らない苦《くる》しみ」「欲《よく》や思《おも》い込《こ》みの中《なか》で生《い》きなくてはいけない苦《くる》しみ」の四苦《しく》があり、あわせて八苦《はっく》になります。

八正道《はっしょうどう》は広《ひろ》しといえども、
十悪《じゅうあく》の人《ひと》は往《ゆ》かず。
無為《むい》の都《みやこ》は楽《たの》しむといえども、
放逸《ほういつ》の輩《ともがら》は遊《あそ》ばず。

八《やっ》つの正《ただ》しい教《おし》えに沿《そ》った道《みち》は広《ひろ》いのに、十《じゅう》の悪《わる》い心《こころ》を持《も》った人《ひと》は恐《おそ》れて歩《ある》こうとしません。むりをせず自然《しぜん》に生《い》きることは楽《たの》しいのに、だらしがなくて欲深《よくぶか》い人《ひと》はその楽《たの》しさを味《あじ》わおうとしません。

幸《しあわ》せに生《い》きていくコツ

だれもが歩《ある》ける広《ひろ》い道《みち》でも、
悪《わる》いことをする人《ひと》は堂々《どうどう》と歩《ある》くことはできません。
よくばってあれがしたい、これも欲《ほ》しいと思《おも》わず、
むりをせずに自然《しぜん》に生《い》きていると、それだけで楽《たの》しくなってきます。
ところが、欲《よく》の深《ふか》い人《ひと》はむりをしてでも自分《じぶん》のものにしようとします。
欲《よく》がすくなければ楽《たの》しく暮《く》らせるのに、
欲《よく》の多《おお》い人《ひと》はそんな楽《たの》しみも知《し》らず、欲《よく》が大《おお》きくなりすぎて、
最後《さいご》は自分《じぶん》がこまってしまうのです。

【補足《ほそく》①】　八正道《はっしょうどう》
「正《ただ》しく見《み》ること」「正《ただ》しく思《おも》うこと」「正《ただ》しく話《はな》すこと」「正《ただ》しく振《ふ》る舞《ま》うこと」「正《ただ》しく働《はたら》くこと」「正《ただ》しく努力《どりょく》すること」「正《ただ》しく心《こころ》を集中《しゅうちゅう》すること」「正《ただ》しく気《き》づくこと」の八《やっ》つの正《ただ》しい教《おし》え。

【補足《ほそく》②】　十悪《じゅうあく》
「殺《ころ》す」「盗《ぬす》む」「みだらな行《おこな》いをする」「虚飾《きょしょく》（いつわり）の言葉《ことば》を使《つか》う」「二枚舌《にまいじた》を使《つか》う」「悪口《わるくち》をいう」「むさぼる（よくばる）」「憎《にく》しみの感情《かんじょう》を持《も》つ」「道理《どうり》がわからずに愚《おろ》かな考《かんが》えを持《も》つ」

老《お》いたるを敬《うやま》うは父母《ふぼ》の如《ごと》し。幼《いとけなき》を愛《あい》するは子弟《してい》の如《ごと》し。

お年寄《としよ》りを見《み》かけたら、自分《じぶん》のお父《とう》さんやお母《かあ》さんのように大切《たいせつ》に敬《うやま》いなさい。幼《おさな》い子《こ》どもを見《み》かけたら、自分《じぶん》の子《こ》どもや弟《おとうと》・妹《いもうと》のようにかわいがってあげなさい。

お年寄《としよ》りと小《ちい》さな子《こ》を大切《たいせつ》に

お年寄《としよ》りや赤《あか》ちゃんに対《たい》しても、
自分《じぶん》の家族《かぞく》と同《おな》じように接《せつ》してあげましょう。
お年寄《としよ》りは階段《かいだん》を上《あ》がったり下《お》りたりするだけでも大変《たいへん》です。
そんな時《とき》はちょっと手《て》をとってあげると、
とても喜《よろ》んでくれます。
また年下《としした》の子《こ》どもと遊《あそ》んであげたり、
赤《あか》ちゃんをあやしたりしてあげましょう。
そうすれば、
みなさんの中《なか》にある優《やさ》しい心《こころ》や勇敢《ゆうかん》さやリーダーシップが
磨《みが》かれていきます。

我《われ》他《た》人《にん》を敬《うやま》えば、
他《た》人《にん》また我《われ》を敬《うやま》う。
己《おのれ》人《ひと》の親《おや》を敬《うやま》えば、
人《ひと》また己《おの》が親《おや》を敬《うやま》う。

自《じ》分《ぶん》が他《た》人《にん》を大《たい》切《せつ》にすれば、他《た》人《にん》もまた自《じ》分《ぶん》を大《たい》切《せつ》にしてくれます。自《じ》分《ぶん》が他《た》人《にん》の親《おや》を大《たい》切《せつ》にすれば、他《た》人《にん》もまた自《じ》分《ぶん》の親《おや》を大《たい》切《せつ》にしてくれます。

まずは相手《あいて》のことを大切《たいせつ》にしよう

相手《あいて》のことを大切《たいせつ》にするにはどうすればいいでしょうか。
それは相手《あいて》のいいところをほめてあげることです。
ほめるためには
きちんと相手《あいて》のいいところを見《み》つけてあげることがとても大事《だいじ》です。
たとえばお母《かあ》さんが夕《ゆう》ご飯《はん》に大好《だいす》きな料理《りょうり》を作《つく》ってくれたら
「ありがとう、すごくおいしかったよ」
と言葉《ことば》にして伝《つた》えてみてください。
お母《かあ》さんはきっと喜《よろこ》んで、また作《つく》ってくれるでしょう。

己《おの》が身《み》を達《たっ》せんと欲《ほっ》する者《もの》は、先《ま》ず他《た》人《にん》を達《たっ》せしめよ。

やりたいことがあるなら、さきにほかの人《ひと》のやりたいことを手《て》助《だす》けしてあげなさい。

「人《ひと》のために」が「自分《じぶん》のために」になる

友《とも》だちがやりたいと思《おも》っていることを助《たす》けてあげると、
自分《じぶん》のやりたいこともいつの間《ま》にかできるようになるものです。

たとえばサッカーで
自分《じぶん》だけがシュートを決《き》めようとだれにもパスをしないで
自分勝手《じぶんかって》なプレーだけをする人《ひと》には
まわりの人《ひと》もパスを出《だ》す気《き》がしなくなるでしょう。
はんたいに、仲間《なかま》にいいパスを出《だ》してあげようとする人《ひと》には、
仲間《なかま》からもいいパスがまわってきます。

勉強《べんきょう》もそうです。
友《とも》だちに勉強《べんきょう》を教《おし》えてあげられるようになれば、
自分《じぶん》も勉強《べんきょう》ができるようになるものです。

他人《たにん》の愁《うれ》いを見《み》ては、即《すなわ》ち自《みずか》ら共《とも》に患《うれ》うべし。他人《たにん》の喜《よろこ》びを聞《き》いては、即《すなわ》ち自《みずか》ら共《とも》に悦《よろこ》ぶべし。

人《ひと》が悲《かな》しんでいるのを見《み》たら、一緒《いっしょ》に悲《かな》しんであげましょう。人《ひと》が喜《よろこ》んでいるのを聞《き》いたら、一緒《いっしょ》に喜《よろこ》んであげましょう。

ともに悲《かな》しみ、ともに喜《よろこ》ぶ

友《とも》だちが失敗《しっぱい》して落《お》ち込《こ》んでいたり、
悲《かな》しんでいたら、一緒《いっしょ》に悲《かな》しんであげてください。
その子《こ》はきっと気《き》持《も》ちが楽《らく》になるでしょう。
友《とも》だちにいいことがあったら、
一緒《いっしょ》に喜《よろこ》んであげることも大事《だいじ》です。
でもこれは一緒《いっしょ》に悲《かな》しんであげるよりも
難《むずか》しいことかもしれません。
人間《にんげん》には他人《たにん》の成功《せいこう》をうらやむ心《こころ》があるからです。
でも、そういう気《き》持《も》ちを乗《の》り越《こ》えて、
一緒《いっしょ》に喜《よろこ》ぶと自分《じぶん》も
楽《たの》しい気《き》持《も》ちになってくるものです。

善《ぜん》を見《み》ては速《すみ》やかに行《おこな》え。悪《あく》を見《み》てはたちまち避《さ》けよ。

人《ひと》が善《よ》い行《おこな》いをしているのを見《み》たら、自分《じぶん》もすぐに見習《みなら》いましょう。人《ひと》が悪《わる》い行《おこな》いをしているのを見《み》たら、すぐにその場《ば》をはなれて、まねしないようにしましょう。

いいことはすぐまねをしよう

自転車《じてんしゃ》が駅前《えきまえ》で将棋倒《しょうぎだお》しになっていたら、
あなたはどうしますか？
だれかがおこし始《はじ》めました。
それを見《み》たら自分《じぶん》もすぐに手伝《てつだ》いに走《はし》る、
それが「善《ぜん》を見《み》ては速《すみ》やかに行《おこな》え」ということです。
いいことは「今度《こんど》まねしよう」ではなくて、すぐにまねをしましょう。
逆《ぎゃく》に友《とも》だちが悪《わる》いことをしているのを見《み》たら、
その場《ば》をはなれてまねをしないことです。
「見《み》て見《み》ない振《ふ》りをする」のではなく、
「悪《わる》い仲間《なかま》に入《はい》らないようにする」のです。
いい人《ひと》には積極的《せっきょくてき》に近《ちか》づき、悪《わる》い人《ひと》からは遠《とお》ざかることが大事《だいじ》です。

善《ぜん》を修《しゅ》する者《もの》は福《ふく》を蒙《こうむ》る。たとえば響《ひびき》の音《おと》に応《おう》ずるが如《ごと》し。悪《あく》を好《この》む者《もの》は禍《わざわい》を招《まね》く。あたかも身《み》に影《かげ》の随《したが》うが如《ごと》し。

善《よ》い行《おこな》いをする人《ひと》には幸福《こうふく》が訪《おとず》れます。それはたとえば、山《やま》にははね返《かえ》って、こだまが返《かえ》ってくるようなものです。悪事《あくじ》を好《この》む人《ひと》は禍《わざわい》を招《まね》きます。それはたとえば、いつも自分《じぶん》の体《からだ》に影《かげ》がついてまわるようなものです。

親切《しんせつ》は報《むく》われる

よいことをするとよいことが返《かえ》ってきて、
悪《わる》いことをすると悪《わる》いことが返《かえ》ってくることを、
仏教《ぶっきょう》では「因果応報《いんがおうほう》」といいます。

ただ、いくらいいことをしても、
すぐには返《かえ》ってこないこともあります。
でも、人《ひと》に親切《しんせつ》にすれば、その人《ひと》は覚《おぼ》えてくれていて、
いつか自分《じぶん》がこまっている時《とき》にきっと助《たす》けてくれるでしょう。
長《なが》い目《め》で見《み》ると、「こだま」のように、
善《ぜん》を行《おこな》えば善《ぜん》で返《かえ》ってくるのです。
逆《ぎゃく》に、いじわるをすればいじわるで返《かえ》ってくるのです。
親切《しんせつ》や優《やさ》しさを人《ひと》に与《あた》え、そして返《かえ》してもらえる、
そんな気持《きも》ちのいい生《い》き方《かた》をしたいものですね。

富《と》むといえども貧《まず》しきを忘《わす》るることなかれ。
貴《たっと》しといえども賤《いや》しきを忘《わす》るることなかれ。

お金持《かねも》ちになったとしても、貧《まず》しかった時《とき》のことを忘《わす》れてはいけません。りっぱになったとしても、なにが賤《いや》しいことなのかを忘《わす》れてはいけません。

偉《えら》くなっても忘《わす》れてはいけないこと

戦争《せんそう》に敗《やぶ》れてすぐの日本《にほん》は多《おお》くの人《ひと》が貧《まず》しい暮《く》らしをしていました。
貧《まず》しかったから、そこから抜《ぬ》け出《だ》そうとがんばってきました。
生活《せいかつ》が豊《ゆた》かになっても、貧《まず》しい時代《じだい》を思《おも》い出《だ》すことで、
さぼらないでがんばれるのです。

いくらいい学校《がっこう》に入《はい》って、いい仕事《しごと》について、偉《えら》くなったとしても、
他《た》の人《ひと》を見下《みくだ》すような人《ひと》になってはいけません。
そういう人《ひと》はいくら勉強《べんきょう》や仕事《しごと》ができても、心《こころ》の貧《まず》しい人《ひと》です。
「実《みの》るほど頭《こうべ》を垂《た》れる稲穂《いなほ》かな」という言葉《ことば》もあります。
「偉《えら》くなるほどいばらない」という人《ひと》が、本当《ほんとう》に偉《えら》い人《ひと》なのです。

あるいは始《はじ》めは富《と》みて終《おわ》り貧《まず》しく。あるいは先《さき》に貴《たっと》くして後《のち》に賤《いや》し。

ある人《ひと》は最初《さいしょ》は裕福《ゆうふく》だったのに、最後《さいご》は貧《まず》しくなってしまいます。ある人《ひと》は最初《さいしょ》はりっぱだったのに、最後《さいご》は賤《いや》しくなってしまいます。

油断《ゆだん》しないで学《まな》び続《つづ》ける

どんな大金持《おおがねも》ちの家《いえ》でも
三代目《さんだいめ》でつぶれてしまうことが多《おお》いそうです。
初代《しょだい》の人《ひと》は成功《せいこう》しようと猛烈《もうれつ》に勉強《べんきょう》し、働《はたら》きます。
二代目《にだいめ》は初代《しょだい》の姿《すがた》を見《み》ているので、
それをまねてなんとかがんばります。
でも、三代目《さんだいめ》は生《う》まれた時《とき》から家《いえ》がお金持《かねも》ちなので、
のんびりしているうちに家《いえ》をつぶしてしまうというのです。
油断《ゆだん》をしてはいけませんということです。
勉強《べんきょう》も同《おな》じです。
少《すこ》し成績《せいせき》がいいからといって油断《ゆだん》していると
すぐについていけなくなってしまいます。

それ習《なら》い難《がた》く忘《わす》れ易《やす》きは、音《おん》声《じょう》の浮《ふ》才《さい》。また学《まな》び易《やす》く忘《わす》れ難《がた》きは、書《しょ》筆《ひつ》の博《はく》芸《げい》。

音《おん》楽《がく》やダンスなどは、習《なら》うのが難《むずか》しくて、忘《わす》れやすいものです。読《よ》んだり書《か》いたりすることは、学《まな》ぶのが簡《かん》単《たん》で、忘《わす》れにくいものです。

読《よ》み書《か》きは人間《にんげん》の基本《きほん》

読《よ》んだり書《か》いたりすることは覚《おぼ》えるのが簡単《かんたん》なのに、一生《いっしょう》、忘《わす》れません。
さらに、文章《ぶんしょう》が上手《じょうず》に書《か》ければ、
手紙《てがみ》やインターネットを通《つう》じて友《とも》だちも増《ふ》えていくでしょう。
本《ほん》を読《よ》めば、知識《ちしき》が増《ふ》えるし、自分《じぶん》の世界《せかい》もどんどん広《ひろ》がっていきます。
スポーツや音楽《おんがく》といった趣味《しゅみ》も楽《たの》しいものですが、
読《よ》み書《か》きは一生役《いっしょうやく》に立《た》ちます。
だからしっかりできるようにがんばりましょう。
そのためにはたくさん本《ほん》を読《よ》み、文章《ぶんしょう》を書《か》くようにしてください。

ただし食《しょく》有《あ》れば法《ほう》有《あ》り。
また身《み》有《あ》れば命《いのち》有《あ》り。
なお農業《のうぎょう》を忘《わす》れず。
必《かなら》ず学文《がくもん》を廃《はい》することなかれ。

ただ食《た》べ物《もの》があれば、そこに智恵《ちえ》の教《おし》えがあります。
また体《からだ》があれば、そこに魂《たましい》というものがあります。
ですから、体《からだ》を養《やしな》う農業《のうぎょう》を忘《わす》れてはいけません。
それと同《おな》じように、命《いのち》を養《やしな》う学問《がくもん》をやめてはいけません。

智恵《ちえ》によって生《い》きている命《いのち》

私《わたし》たちが人間《にんげん》として生《う》まれて、
りっぱな人《ひと》として生《い》きるためには勉強《べんきょう》をして、
たくさんの本《ほん》を読《よ》んで、心《こころ》も育《そだ》てなくてはいけません。
私《わたし》たちはただ体《からだ》が動《うご》くから生《い》きているのではなく、
心《こころ》の栄養《えいよう》もとってはじめて生《い》きているといえるのです。
一日《いちにち》、本《ほん》を読《よ》まなかったら「心《こころ》のお腹《なか》がすいてしまう」、
そういう気持《きも》ちで、毎日《まいにち》を過《す》ごしましょう。
「命《いのち》」には「食《た》べ物《もの》によって生《い》きている命《いのち》」と
「智恵《ちえ》によってよりよく生《い》きる命《いのち》」があるのです。

かるが故《ゆえ》に末代《まつだい》の学者《がくしゃ》、先《ま》ずこの書《しょ》を案《あん》ずべし。これ学問《がくもん》の始《はじ》め、身《み》終《おわ》るまで忘失《ぼうしつ》することなかれ。

以上《いじょう》のように、どんな時代《じだい》になっても学《まな》ぼうと思《おも》う人《ひと》は、まずこの『実語教《じつごきょう》』を読《よ》んでください。これが学《まな》びの第一歩《だいいっぽ》です。一生《いっしょう》を終《お》えるまで、学《まな》ぶことを忘《わす》れてはいけません。

学《まな》びの第《だい》一歩《いっぽ》となるのが『実語教《じつごきょう》』です

『実語教《じつごきょう》』は、言葉《ことば》は古《ふる》くても、
難《むずか》しいことをいっているわけではありません。
一所懸命《いっしょけんめい》勉強《べんきょう》したら心豊《こころゆた》かな人《ひと》になれますよ、
ということを繰《く》り返《かえ》しいっているのです。
まずは学《まな》ぶという心構《こころがま》えをつくることが大事《だいじ》です。
「よし、勉強《べんきょう》して心豊《こころゆた》かな人《ひと》になろう」
そういう心構《こころがま》えをつくりましょう。
そして、その第一歩《だいいっぽ》が『実語教《じつごきょう》』であり、
一生《いっしょう》を終《お》えるまで、毎日気持《まいにちきも》ちを新《あら》たにして、
学《まな》び続《つづ》けましょう。

あとがき

一時期《いちじき》、勝《か》ち組負《ぐみま》け組《ぐみ》という言葉《ことば》が流行《はや》りました。お金《かね》を儲《もう》けたから成功者《せいこうしゃ》で、貧乏《びんぼう》だから失敗者《しっぱいしゃ》だという価値観《かちかん》に縛《しば》られていた時代《じだい》でした。そうした世《よ》の中《なか》はどこか殺伐《さつばつ》としていたように思《おも》います。

日本《にほん》は明治維新《めいじいしん》の後《のち》、急速《きゅうそく》に近代化《きんだいか》を成《な》し遂《と》げました。途中《とちゅう》、戦争《せんそう》があったり、何度《なんど》も大《おお》きな地震《じしん》があったりもしましたが、お互《たが》いに助《たす》け合《あ》い、前向《まえむ》きに乗《の》り越《こ》えてきました。

これまでの日本《にほん》という国《くに》を見《み》ると、総合的《そうごうてき》にはうまくやってきたと思《おも》います。

江戸時代《えどじだい》の人々《ひとびと》はよく学《まな》びました。幼《おさな》いころから寺子屋《てらこや》で『実語教《じつごきょう》』を学《まな》んでいたので、学問《がくもん》の大切《たいせつ》さもよく知《し》っていました。目上《めうえ》を敬《うやま》い、目下《めした》の面倒《めんどう》を見《み》て、助《たす》け合《あ》って生《い》きていくことも知《し》っていました。

そういう人《ひと》たちが明治維新《めいじいしん》をおこし、世界史《せかいし》の奇跡《きせき》と呼《よ》ばれる近代《きんだい》化《か》に成功《せいこう》したのです。

今《いま》また、大震災《だいしんさい》を経験《けいけん》し、国内外《こくないがい》でさまざまな問題《もんだい》も起《お》こっています。こんな時《とき》こそ、これまで幾多《いくた》の危機《きき》を乗《の》り越《こ》えてきたように、前向《まえむ》きに学《まな》び、働《はたら》いて困難《こんなん》に打《う》ち克《か》っていかなくてはいけません。

そういう時代《じだい》にこそ必要《ひつよう》なのがこの『実語教《じつごきょう》』です。お金《かね》よりももっと大事《だいじ》なものがあることを教《おし》え、学問《がくもん》の大切《たいせつ》さや人間《にんげん》の生《い》き方《かた》の基本《きほん》を心《こころ》に刻《きざ》みつけてくれるのが『実語教《じつごきょう》』なのです。

人《ひと》は一人《ひとり》で生《い》きてきたのではありません。私《わたし》たち一人《ひとり》ひとりが大《おお》きな船《ふね》の漕《こ》ぎ手《て》です。何百年《なんびゃくねん》と漕《こ》ぎ手《て》が代《か》わりながら、明治維新《めいじいしん》や戦争《せんそう》という嵐《あらし》を乗《の》り越《こ》え、大海《たいかい》をすすんできたのです。私《わたし》たちには次《つぎ》の世代《せだい》の漕《こ》ぎ手《て》を育《そだ》てる義務《ぎむ》があります。

その基本《きほん》になるのが「日本人千年《にほんじんせんねん》の教科書《きょうかしょ》」である『実語教《じつごきょう》』なのです。

齋藤《さいとう》　孝《たかし》

本書は平成二十五年に弊社より刊行した『親子で読もう「実語教」』を新装版として刊行するものです。なお、刊行に際し、一部加筆・修正を行った箇所があります。

底本には『明治頭書　改正　實語教童子教　完』（明治三年庚午春三月・和本）を使用し、『新日本古典文学大系52　庭訓往来　句双紙』山田俊雄・入矢義高・早苗憲生・校注（平成八年・岩波書店）を一部参考にしました。

〈著者略歴〉

齋藤孝（さいとう・たかし）

昭和35年静岡県生まれ。東京大学法学部卒業。同大学教育学研究科博士課程を経て、現在明治大学文学部教授。専門は教育学、身体論、コミュニケーション技法。
『楽しみながら1分で脳を鍛える速音読』『国語の力がグングン伸びる1分間速音読ドリル』『齋藤孝のこくご教科書 小学1年生』『齋藤孝の小学国語教科書 全学年・決定版』『子どもと声に出して読みたい「実語教」』『子どもと声に出して読みたい「童子教」』『人生がさらに面白くなる60歳からの実語教／童子教』（いずれも致知出版社）など著書多数。NHK Eテレ『にほんごであそぼ』総合指導。

親子で読もう「実語教《じつごきょう》」
［新装版］

令和六年六月二十日第一刷発行

著者 齋藤 孝
発行者 藤尾 秀昭
発行所 致知出版社
〒150-0001 東京都渋谷区神宮前四の二十四の九
TEL（〇三）三七九六—二一一一
印刷・製本 中央精版印刷
落丁・乱丁はお取替え致します。 （検印廃止）

ISBN978-4-8009-1309-8 C8095
ホームページ　https://www.chichi.co.jp/
Eメール　books@chichi.co.jp

装幀・本文デザイン　フロッグキングスタジオ
カバー写真　坂本泰士